BEI GRIN MACHT SICH IHR WISSEN BEZAHLT

AF168215

- Wir veröffentlichen Ihre Hausarbeit, Bachelor- und Masterarbeit

- Ihr eigenes eBook und Buch - weltweit in allen wichtigen Shops

- Verdienen Sie an jedem Verkauf

Jetzt bei www.GRIN.com hochladen und kostenlos publizieren

Bibliografische Information der Deutschen Nationalbibliothek:

Die Deutsche Bibliothek verzeichnet diese Publikation in der Deutschen National-
bibliografie; detaillierte bibliografische Daten sind im Internet über http://dnb.d-
nb.de/ abrufbar.

Impressum:

Copyright © 2019 GRIN Verlag
Druck und Bindung: Books on Demand GmbH, Norderstedt Germany
ISBN: 9783346188014

Dieses Buch bei GRIN:

https://www.grin.com/document/704495

Anonym

E-Learning. Eine Lösung für benachteiligte Jugendliche in der Berufsbildung?

GRIN Verlag

GRIN - Your knowledge has value

Der GRIN Verlag publiziert seit 1998 wissenschaftliche Arbeiten von Studenten, Hochschullehrern und anderen Akademikern als eBook und gedrucktes Buch. Die Verlagswebsite www.grin.com ist die ideale Plattform zur Veröffentlichung von Hausarbeiten, Abschlussarbeiten, wissenschaftlichen Aufsätzen, Dissertationen und Fachbüchern.

Besuchen Sie uns im Internet:

http://www.grin.com/

http://www.facebook.com/grincom

http://www.twitter.com/grin_com

Inhaltsverzeichnis

1. Einleitung

1.1 Thema und Relevanz

Im Rahmen des Seminares „Arbeit, Wirtschaft und Berufsbildungspolitik" wurden gesellschaftliche Phänomene in der beruflichen Bildung diskutiert und angesprochen, unteranderem die Digitalisierung. Diese hat den Einzug in die berufliche Bildung gefunden, damit einhergehend wird oft der Begriff des E-Learnings assoziiert, welches das elektronische Lernen beschreibt. E-Learning wird an dieser Stelle zum großen Hoffnungsträger gemacht. Es soll die berufliche Weiterbildung für jeden, zu jeder Zeit und an jedem Ort individuell zugänglich machen. In betrieblichen Aus- und Weiterbildungskonzepten werden computergestützte Lernmedien zur Vermittlung von Wissen und zur Unterstützung des Lerntransfers verwendet. Den Teilnehmern wird somit die Möglichkeit geboten sich sicher und erfolgreich in das Berufsleben zu integrieren.

1.2 Fragestellung und Interessenbekundung

Hinsichtlich der Thematik der vorliegenden Arbeit lautet die Fragestellung:

Wie geeignet ist die Verwendung von E-Learning für benachteiligte Jugendliche in der beruflichen Bildung?

Die Frage wird am Beispiel eines bestimmten Projektes beantwortet. Es handelt sich hierbei um das Projekt „Die Kompetenzwerkst@tt Recycling", welches von Howe F. und Knutzen S. von 2005 bis 2008 begleitet und ausgewertet wurde. Die Wahl ist auf diese empirische Fallstudie gefallen, da die Studie der genannten Autoren verdeutlicht, wie effektiv und welche Vorteile das E-Learning für die Aus- und Weiterbildung bieten kann. Gerade in der heutigen Zeit kommt dem kompetenzorientierten Unterricht mit einem hohen Maß an Technisierung, insbesondere den elektronischen Lernplattformen, eine besondere Rolle zu. E-Learning gewinnt an Bedeutung, da es mehr als eine Methode ist. Es wird zum wichtigen Element in der Gestaltung von Lehr- und Lernprozessen und prägt das gesamte Bildungskonzept.

1.3 Vorgehen

Die in dieser Arbeit analysierten Beobachtungsdaten wurden im Rahmen des Forschungsprojekts „Die Kompetenzwerkst@tt" von Howe F. und Knutzen S. erhoben. Die Daten sind folgendem Buch zu entnehmen: „E-Learning in der Berufsvorbereitung – Arbeitsprozessorientierte softwaregestützte Lehr-Lern-

Arrangements für benachteiligte Jugendliche am Beispiel des Elektroschrott- und Kfz-Recyclings". Gegenstand des Projektes war es eine entwickelte E-Learning-Software in einer Hamburger Berufsvorbereitungsklasse für benachteiligte Jugendliche zu implementieren, um die berufliche Handlungskompetenz, die fachliche und soziale Kompetenz auszubilden. Dadurch soll suggeriert werden, dass die Jugendlichen einen Einstieg und einen Erfolg in die Berufsausbildung haben.

1.4 Aufbau der Arbeit

Zunächst werden im zweiten Kapitel dieser Arbeit die theoretischen Grundlagen des E-Learnings dargestellt. Als erstes wird der Definitionsrahmen festgelegt, danach werden historische Grundlagen beschrieben. Im Zuge dessen werden einzelne Formen des E-Learnings genannt und beschrieben, sodass ein Gesamtverständnis gewährleistet wird. Im dritten Kapitel, welches das Hauptkapitel dieser Arbeit darstellt, wird auf die benachteiligten Jugendlichen in einer berufliche Übergangsmaßnahme am Beispiel einer Berufsvorbereitungsklasse eingegangen. An dieser Stelle erfolgt die Bestimmung und Erarbeitung eines Definitionsansatzes des Begriffs „Benachteiligte Jugendliche". Schließlich wird das bereits erwähnte Projekt von Howe F. und Knutzen S. kurz vorgestellt und beschrieben. Ferner wird der erarbeitete Forschungs- und Handlungsbedarf des vorgestellten Projektes aufgegriffen und fortgesetzt. In dem darauffolgenden vierten Kapitel findet eine Würdigung des dargestellten Forschungsstandes statt, indem ermittelt wird, ob E-Learning eine geeignete Lernform für diese benachteiligte Personengruppe ist. In diesem Zuge werden Grenzen und Potenziale des E-Learnings vorgestellt. Das abschließende fünfte Kapitel beinhaltet neben einer Zusammenfassung die Beantwortung der Frage *„Wie geeignet ist die Verwendung von E-Learning für benachteiligte Jugendliche in der beruflichen Bildung?"*. Das Fazit soll demnach einen umfassenden Überblick über die dargelegte Thematik bieten und die Ergebnisse, die in dieser Arbeit gewonnen wurden, explizit aufschlüsseln.

2. Diskurs: E-Learning

Der folgende Abschnitt bildet die theoretische Fundierung der vorliegenden Hausarbeit. Insgesamt unterteilt sich der Diskurs in drei Teilabschnitte. Diese Teilabschnitte widmen sich dem historischen Diskurs des E-Learnings. Darüber hinaus werden verschiedene Formen und Definitionen des E-Learnings vorgestellt. Zuletzt werden die Unterschiede zwischen beruflicher Handlungskompetenz und beruflicher Handlungsfähigkeit herausgestellt.

2.1 Geschichte des E-Learnings

Der lerntheoretische Hintergrund des E-Learnings basiert auf dem Konzept des Selbstgesteuerten Lernens, das bedeutet, dass die Lernenden eine intrinsische Motivation entwickeln müssen, um Lernfortschritte verzeichnen zu können (vgl. BAköV 2014, S. 6).

Das Verständnis von E-Learning hat sich in den letzten Jahren verändert, da die Definition ursprünglich stark von der technologischen Seite geprägt war. Gegenwärtig wird E-Learning mit der Einbindung von didaktischen Konzepten neu diskutiert und modifiziert. Aufgrund dieses Veränderungsprozesses ist es notwendig verschiedene Formen des E-Learnings zu berücksichtigen. E-Learning wird als Oberbegriff bzw. als Synonym für computer-, respektive netzbasiertes Lernen und Lehren verwendet (vgl. Kimpeler et al. 2007, S. 16). Diese Definition hat sich über die Jahre durchgesetzt.

> *„Oberbegriff für alle Varianten der Nutzung digitaler Medien zu Lehr- und Lernzwecken, sei es auf digitalen Datenträgern oder über das Internet, etwa um Wissen zu vermitteln, für den zwischenmenschlichen Austausch oder das gemeinsame Arbeiten an digitalen Artefakten"* (Kerres, Michael 2013, S. 6).

E-Learning ist jedoch nicht als eine Methode zu betrachten, sondern es handelt sich hierbei um eine Sammlung neuer Strategien und Möglichkeiten, die Präsenzveranstaltungen bereichern, ergänzen oder aber auch ersetzen können (vgl. Meier 2006, S. 74).

E-Learning basiert auf der behavioristischen Lerntheorie nach Frederic Skinner, 1938 (vgl. Niegemann et al. 2004, S. 5). „Programmierte Unterweisung" bezeichnet die Anwendung dieser Lerntheorie auf technische Medien (vgl. ebd.). Es ist durch ein lineares Vorgehen gekennzeichnet. Das bedeutet, dass nach jeder Lernsequenz unmittelbar das Feedback erfolgt. Der Schwierigkeitsgrad steigert sich stetig. Beim Auftreten von Fehlern wird die gleiche Lernsequenz erneut präsentiert. Nach diesem einfachen Muster waren die ersten Lernprogramme konzipiert. Das Modell der „Programmierten Unterweisung" dominierte sehr lange als wichtigstes Modell für die Entwicklung Computergestützter Lernmedien. Auch heute noch orientieren sich viele Lernsoftwareentwickler an den Annahmen, die dem Behaviorismus zugrunde liegen. (vgl. Kerres 1998, S. 48ff.)

Die Anpassung der Lernangebote auf Basis von kognitiven Konzepten zur Förderung der individuellen Lernprozesse der Lernenden wurde in den 1980er Jahren erforscht. Es fanden Forschungen zu „intelligenten tutoriellen Systemen" statt. Diese Lernsysteme analysierten mittels Diagnosekomponenten das Lernverhalten und passten den Lernstoff auf die aktuellen kognitiven Lernprozesse des Lernenden an (vgl. ebd., S. 56ff.). Ziel war es, das Lernangebot auf Grund von Informationen über den Nutzer individuell gestalten zu können. Die Möglichkeiten dieser Systeme wurden jedoch überschätzt, denn das Auswerten und Interpretieren mittels des Systems erwies sich als schwierig. Die Adaptivität ist jedoch ein wichtiger Faktor bei der Entwicklung des E-Learnings (vgl. Niegemann et al. 2004, S. 117).

2.2 Formen des E-Learnings

In der Praxis lassen sich verschiedene Formen bzw. Szenarien von E-Learning identifizieren, die sich fortlaufend ändern. Unabhängig von den verschiedenen Formen ist das gemeinsame Merkmal die Kommunikationsfähigkeit. Die gängigsten und bekanntesten Formen werden in diesem Abschnitt dieser Arbeit beschrieben.

Die beiden häufigsten und bekanntesten Formen stellen *Computer Based Training (CBT)* und *Web Based Training (WBT)* dar. Sie gelten als Urformen des E-Learnings, wovon sich weitere Formen ableiten lassen. Das Computer Based Training ist die am weitesten verbreitete Form, da sie sukzessiv aus der „Programmierten Unterweisung" des Behaviorismus entstanden ist. Bei dem CBT arbeitet der Lernende unabhängig vom Internet mit einer bestimmten Lernsoftware an einem Computer, die ihn durch die Lerninhalte führt (vgl. Brehmer / Becker 2017, S. 1ff.). Im Gegensatz dazu arbeitet das Web Based Training zusätzlich mit einem Internetanschluss, welches den Vorteil hat, dass die Anwendung der Lernsoftware stets aktuell ist (vgl. ebd.). Diese

Lernprogramme sind besonders im Alltag zu finden, beispielsweise beim Lernen für die theoretische Prüfung für den Führerschein. Ein Charakteristikum dieser Lernprogramme ist, dass die Lernenden eigenständig die Lerninhalte und das Lerntempo festlegen, darunter fällt auch wann, wo und wie lange gelernt wird (vgl. ebd.). Zusätzlich können die Inhalte beliebig oft wiederholt und geübt werden.

Blended Learning bedeutet wörtlich übersetzt „gemischtes Lernen", welches die Potenziale der neuen Medien mit dem traditionellen Unterricht in der Schule vereint (vgl. ebd.). Aktuelle Forschungsbefunde zeigen, dass das Lernen mit digitalen Medien zwar eine sinnvolle Ergänzung zu gängigen Lehr- und Lernformen darstellt, allerdings trotzdem weiterer Lehr- und Lernmethoden bedarf. Es kann eine Einigung gefunden werden, wenn das mediengestützte Lernen in Kombination mit Elementen des traditionellen Unterrichts in einem Lernarrangement zusammenwirkt. Dieses mediengestützte Lernen in Verbindung mit Präsenzunterricht verweist auf Blended Learning (vgl. ebd.). Diese Form des E-Learnings reduziert die Abbruchquoten bei den Lernprogrammen durch die Einbindung in eine Lerngruppe und eine betreuende Instanz. „Bei diesem Szenario fehlt jedoch ein didaktisches Konzept, welches erläutert, wie die einzelnen Elemente didaktisch aufbereitet und kombiniert werden können." (Brehmer / Becker 2017, S. 2).

Videokonferenzen beruhen auf synchroner Kommunikation. Das bedeutet, dass Lehrende und Lernende sich an unterschiedlichen Orten befinden, aber zeitgleich über computergestützte Programme via Video- oder Audiokonferenzen miteinander kommunizieren (vgl. ebd.). Die Beteiligten befinden sich somit im digitalen Raum in einem Lernarrangement. Durch diese Form ist es möglich weltweit Mitarbeiter, Studierende und Schulungsteilnehmende zusammenkommen zu lassen, um die Lerninhalte der Seminare, Unterrichte oder Vorlesungen zu vermitteln. Eine auf diesem Prinzip beruhende Anwendung ist das virtuelle Klassenzimmer (vgl. ebd.). Die Variante des virtuellen Klassenzimmers soll Kommunikation und Lernen ohne Präsenzveranstaltungen ermöglichen (vgl. ebd.). Den Teilnehmenden werden bestimmte Funktionen zur Verfügung gestellt, um mit anderen zu kommunizieren, Aufgaben zu lösen oder dem Vortrag zu folgen (vgl. ebd.). Darüber hinaus besteht die Möglichkeit in diesem virtuellen Klassenzimmer Dokumente oder Präsentationen zu erarbeiten (vgl. ebd.). Der Dozent bzw. der Leiter nimmt hier die Rolle des Moderators ein und führt die Teilnehmenden durch die Lernphasen (vgl. ebd.). Wenn die synchrone Kommunikation als Lehrziel erforderlich ist, dann können Videokonferenzen eine didaktisch sinnvolle Alternative zum traditionellen Unterricht darstellen (vgl. ebd.). Allerdings sollten sie nur als Zusatzelement eingesetzt werden (vgl. ebd.). Vorteilhaft die ist Aufzeichnung der kompletten Onlinesitzung, da diese nachträglich ausgewertet und für das weitere Lernen herangezogen werden kann. (vgl. ebd.) Es entsteht eine Klassenatmosphäre, die eben nur online stattfindet und unabhängig vom Ort, aber nicht von der Zeit ist (vgl. Keller 2008, S. 97).

Hinsichtlich der Fragestellung ist zu sagen, dass die Teilnahme an verschiedenen E-Learning-Formen möglich ist, wenn gewisse Voraussetzungen erfüllt sind. Zu diesen Voraussetzungen zählt zum einen die Verfügbarkeit von der leistungsgerechten Hardware, also ob ein PC oder Laptop im Haushalt der Jugendlichen vorhanden ist, welcher die Anforderungen der Programme erbringen kann. Zum anderen kann die infrastrukturelle Versorgung von Internet gezählt werden. Das bedeutet, das am Hauptwohnort eine adäquat schnelle Internetverbindung gewährleistet sein muss, um beispielsweise die entstehende Datenmenge eines virtuellen Klassenzimmers verarbeiten zu können. Aufgrund dessen, dass die heutigen Jugendlichen von klein an mit digitalen Medien aufgewachsen sind, liegt die Begründung nahe, dass die Gefahr von zu geringen technischen Vorkenntnissen nicht gegeben ist. Stattdessen sind die erforderliche Selbstorganisation, Motivation und Disziplin als Nachteil bzw. Gefahr zu werten. Unabhängig von der Flexibilität, die durch das E-Learning geschaffen wird, kann das Lernen zu Hause zu erheblichen Disziplinproblemen führen, da häufig der Druck, die Motivation durch die Gruppe oder des Lehrenden fehlt (vgl. Keller 2008, S. 103). Dieser Sichtweise ist wichtig für die weitere Betrachtung des Projektes, welches im nächsten Kapitel vorgestellt wird, da somit die Veränderungen deutlich werden.

2.3 Handlungskompetenz und Handlungsfähigkeit

In diesem Abschnitt sollen zunächst die Begriffe berufliche Handlungsfähigkeit und Handlungskompetenz, sowie die Begriffe der Kompetenz und Performanz, voneinander abgegrenzt werden. Am Ende dieses Abschnittes wird versucht, unter Einbeziehung der Ansprüche der beruflichen Handlungsfähigkeit, eine Überleitung zum Globalisierungsbegriff im Bildungszusammenhang herzustellen. Diese Überleitung begründet sich in der ursprünglichen Absicht vom E-Learning. Es wurde angestrebt durch die Einführung von E-Learning unabhängig von Zeit und Ort zu sein, um Bildungsmaßnahmen wahrnehmen bzw. durchführen zu können. Die Handlungskompetenz ist besonders wichtig hinsichtlich des Projektes, welches im nächsten Kapitel den Themenschwerpunkt bildet. Dieses Projekt zielt darauf ab den Schülern Handlungskompetenzen an praktischen Beispielen zu vermitteln, welche sie später konzeptionell in der Berufsausbildung anwenden können. Als Grundlage hierfür ist das Werk: Beruf- und Wirtschaftspädagogik. Eine Einführung in Strukturbegriffe (Rebmann et al. 2011). Dabei wird sowohl die berufliche Handlungsfähigkeit, als auch die Handlungskompetenz in ihre Bestandteile aufgespalten, um die für die Analyse benötigten Anspruchskriterien auszuformulieren.

Im Allgemeinen gibt es drei Felder, die die Ansprüche für die berufliche Bildung vorschreiben (vgl. Rebmann et al. 2011, S. 129). Es handelt sich dabei um die Felder Pädagogik, Wirtschaft und Beruf, welche die Ansprüche soziale Integration, Subjektivitäts- und Persönlichkeitsentwicklung, als auch Funktionalität und Disponibilität in sich vereinen (vgl. ebd.). Die Persönlichkeitsentwicklung entspricht dem pädagogischen Feld und meint eine individuelle Entwicklung der Persönlichkeit unter dem Umstand der Selbstverantwortung und Selbstbestimmung (vgl. ebd.). Dem wirtschaftlichen Feld ist der Bereich der Funktionalität zuzuordnen (vgl. ebd.). Hierbei handelt es sich vor allem um betriebswirtschaftliche Qualifikationsanforderungen der Aus- und Weiterbildung unter Einbeziehung des Kosten-Leistungs-Vergleichs (vgl. ebd.). Zuletzt steht der Begriff der beruflichen Sozialisation, dieser ist dem Feld Beruf zuordbar und beinhaltet die Integration junger Menschen in die Gesellschaft durch den Beruf. (vgl. ebd.)

Eine Abdeckung der erläuterten Felder durch die berufliche Bildung ist nur unter Einbeziehung der zugehörigen Zielsetzungen möglich, welches einen Perspektivwechsel der einzelnen Vertreter, zum Zweck der Gestaltung beruflicher Bildung, notwendig macht (vgl. ebd., S. 129 f.). Eine Übereinstimmung der Zielsetzungen aus der Perspektive der Feldvertreter scheint nicht umsetzbar, weshalb die Lösung in der Bildung einer Zielformel liegt (vgl. ebd.). Die angesprochene Zielformel, ist in der beruflichen Bildung eher als eine Kommunikationsformel zu verstehen und lautet: „Beförderung beruflicher Handlungsfähigkeit" (vgl. ebd. S. 130).

Betrachtet man den Begriff der beruflichen Handlungsfähigkeit wird schnell deutlich, dass es zur Bewältigung einer spezifischen Aufgabe der erforderlichen Fähigkeiten, Fertigkeiten und Kenntnissen bedarf (vgl. Bolder 2009, S. 821 ff.). Aus einer anderen Sichtweise gehen beobachtbare Handlungen auf Kompetenzen zurück. Sie können als Ausprägungen der beruflichen Handlungsfähigkeit verstanden werden. (vgl. Rebmann et al. 2011, S. 132)

Bei genauerer Auseinandersetzung werden hier die Parallelen aber auch Unterschiede der Begriffe „berufliche Handlungsfähigkeit" und „berufliche Handlungskompetenz" deutlich. Rebmann et al. beschreiben es so:

> *„Hier wird berufliche Handlungsfähigkeit als eine Leistungsdisposition in einem Anwendungskontext, wie den zu gestaltenden Arbeits- und Geschäftsprozessen im, betrachtet. Werden die in diesen Arbeits- und Geschäftsprozessen erbrachten Leistungen systematisch beschrieben, lassen sich Rückschlüsse auf Kompetenzen als Leistungsdispositionen ziehen. Streng genommen werden dann aber nicht mehr Kompetenzen als Handlungspotentiale beschrieben, sondern als Performanzen in einem spezifischen Anforderungsbereich."* (Rebmann et al. 2011, S. 132).

Einfach formuliert geht es darum eine Handlung bewusst und gewollt umsetzen zu können. In einem weiteren Schritt, der allerdings nicht im Fokus dieser Hausarbeit liegt, wird auch das Ausführen dürfen einer Handlung miteinbezogen (vgl. Straka/Macke 2009).

Um auf den Auslöser für Handlungen, den Kompetenzbegriff, zurückzukommen, ist es wichtig zu verstehen, dass es sich auch bei dem Begriff der Kompetenz um ein mehrdimensionales Konstrukt handelt (vgl. Rebmann et al. 2011, S. 133). Zugrunde gelegt wird hier das Kompetenzmodell von Rebmann et al. (2011, S. 133), welches den Kompetenzbegriff in insgesamt sechs Teilkompetenzen zerlegt (vgl. ebd.). Alternative Kompetenzmodelle unternehmen eine ähnliche Einteilung, legen aber eine andere Rangordnung der Teilkompetenzen zugrunde, da hier manchen Teilkompetenzen andere Teilkompetenzen, als immanente Bestandteile zugeordnet werden (vgl. KMK 2011, S. 14 f.). Nur der Vollständigkeit halber werden die sechs Teilkompetenzen im Folgenden erwähnt ohne näher auf sie einzugehen; Methodenkompetenz, Gestaltungskompetenz, Moralisch-ethische Kompetenz,

Sozialkompetenz, Abstraktionskompetenz und Fachkompetenz (vgl. Rebmann et al. 2011, S. 133). Als Erläuterung zum Kompetenzbegriff bleibt zu sagen, dass es sich dabei um Fähigkeiten, Methoden, Wissen, Einstellungen und Werte eines Individuums handelt, die es im Laufe des Lebens erlangt, entwickelt bzw. weiterentwickelt und anwendet (vgl. Dehnbostel 2005, S. 210).

Performanzen gelten als beobachtbare Handlungen, die auf Kompetenzen basieren und ableiten lassen (vgl. Rebmann et al. 2011, S. 132 ff.). Kompetenzen sind in gewisser Weise Voraussetzung für eine Performanz und die daraus resultierende Handlung macht Kompetenzen indirekt sichtbar, messbar und somit auch vergleichbar (vgl. Winther/Achtenhagen 2010, S. 18 f.). Auf diese Weise lassen sich Performanzen zur Beschreibung der beruflichen Handlungsfähigkeit in die verschiedenen Ausbildungsordnungen einarbeiten (vgl. Hensge et al. 2008; Lorig /Schreiber 2007).

Mit Rückblick auf die verschiedenen Ansprüche an die berufliche Handlungsfähigkeit mit dem nun vorhandenen Wissen über Kompetenzen und Performanzen, lässt sich in Bezug auf die Fragestellung der Hausarbeit: *„Wie geeignet ist die Verwendung von E-Learning für benachteiligte Jugendliche in der beruflichen Bildung?"* ausmachen, dass die Ausbildung von Handlungskompetenzen in berufsvorbereitenden Bildungsmaßnahmen mit Hilfe von E-Learning und praxisbezogenen Beispielen bzw. Aufgaben sinnvoll ist. Dadurch wird eine Basis für die danach folgende Berufsausbildung geschaffen wird. Das Projekt ist somit eine hohe Relevanz zu zuschreiben, da das Ziel der Forscher auf theoretischer Ebene bestätigt wird.

3. Empirie

Im folgenden Kapitel der Arbeit wird exemplarisch aufgezeigt, wie E-Learning für benachteiligte Jugendliche genutzt werden kann. Die Fallstudie von Howe F. und Knutzen S. ist im Buch „E-Learning in der Berufsvorbereitung – Arbeitsprozessorientierte softwaregestützte Lehr-Lern-Arrangements für benachteiligte Jugendliche am Beispiel des Elektroschrott- und Kfz-Recyclings" zu finden.

Zu Beginn des Hauptteils der Arbeit wird nun die Begriffsbestimmung für „Benachteiligte Jugendliche" stattfinden, danach werden die Inhalte des Beispiels in Kürze zusammengefasst. Im Anschluss daran werden die wichtigsten Punkte zur Beantwortung der Fragestellung herausgestellt.

3.1 Begriffsbestimmung

Die Autoren Howe F. und Knutzen S. stellen in Kooperation mit dem BMBF-Programm „Kompetenz fördern" als Begriffsbestimmung für „Benachteiligte Jugendliche" heraus, dass es sich hierbei um „lernbenachteiligte, leistungsverweigernde bzw. schulmüde und verhaltensauffällige Jugendliche im Alter von 15 bis Jahren in der Berufsvorbereitung [handelt]. Die Mehrzahl kommt aus der Gesamtschule oder der Hauptschule und wurde in Klasse 8 oder 9 aufgrund sozialer Auffälligkeiten bzw. mangelnder Leistung ausgeschult." (Howe F. / Knutzen S. 2005, S.21). Als Identifikationsmerkmale dieser Gruppe sind mehrere Aspekte anzuführen, wie beispielsweise Defizite im Schreiben, Lesen, Sprechen und Rechnen (vgl. ebd., S.22). Des Weiteren ist ihr Sozialverhalten geprägt durch Respektlosigkeit, Unhöflichkeit gegenüber Mitschülern und Lehrkräften, Unzuverlässigkeit und Unstetigkeit. (vgl. ebd.) Oftmals ist ein Migrationshintergrund vorhanden.

3.2 Die Kompetenzwerkst@tt Recycling

Als das Projekt „Die Kompetenzwerkst@tt Recycling" durch Howe F. und Knutzen S. ins Leben gerufen wurde, war bereits die Euphorie über das E-Learning verklungen, da die assoziierten Hoffnungen, wie Zeit- und Ortsunabhängigkeit, nicht erfüllt wurden. Zusätzlich gab es Zweifel daran softwaregestützte Lehr-Lern-Arrangements für benachteiligte Jugendliche zu entwickeln, da die hohen kognitiven und motivationalen Voraussetzungen, sowie die geforderten Medienkompetenz nicht gegeben waren. Dieses Projekt steht für das veränderte Verständnis von E-Learning, da die technische Seite, also das Programm bzw. die Software, nur als Unterstützung in der Lehre eingesetzt wird. Beispielsweise können Videos und Animationen genutzt werden, um Zusammenhänge und Abläufe zu illustrieren (vgl. ebd., S.20). Die menschliche Seite nimmt trotzdem die wichtigste Rolle ein, da der Lehrende anleitend, unterstützend und beratend tätig wird. (vgl. ebd., S.19)

Bei dem Projekt „Die Kompetenzwerkst@tt Recycling" steht die Recycling- und Entsorgungsbranche im Mittelpunkt, da zum einen ein zunehmender Umfang an Dienstleistungen erfüllt werden muss, zum anderen bietet dieser Sektor eine berufliche Chance und Perspektive für benachteiligte Jugendliche aufgrund des wachsenden Personalbedarfes (vgl. ebd., S.18). Die Zielgruppe, wie sie im vorherigen Unterkapitel 3.1 gerahmt und beschrieben wurde, erhält an der Hamburger Gewerbeschule G8 berufsqualifizierende und berufsvorbereitende Maßnahmen in diesem Bereich (vgl. ebd.). Ziel des Projektes ist „(...) die allgemeine und berufliche Handlungskompetenz der Jugendlichen nachhaltig zu fördern und ihnen [den benachteiligten Jugendlichen] ein Orientierungs- und Überblickswissen über die für sie in Frage kommenden Berufe zu vermitteln." (ebd.). Die Jugendlichen sollen Kompetenzen erwerben, die sie in der Recycling- und Entsorgungsbranche, sowie in angrenzenden Berufsfeldern nutzen können, da diese Kompetenzen eine Grundlage für eine Ausbildung bilden (vgl. ebd.). Neben der beruflichen Handlungskompetenz wird auch die soziale Kompetenz ausgebildet. Darüber hinaus wird angenommen, dass das Projekt einen positiven Einfluss auf die Persönlichkeitsentwicklung als auch auf die Selbstwirksamkeitswahrnehmung der Jugendlichen ausübt. (vgl. ebd.)

Um diese gesetzten Ziele umsetzen zu können, beinhaltet das Projekt „ (...) ein umfassendes, berufswissenschaftlich begründetes, softwaregestütztes Lehr-Lernkonzept (...), welches auf den gesamten Bereich der gewerblich-technischen Berufsbildung, von der Berufsvorbereitung über die Erstausbildung bis hin zur Weiterbildung, grundsätzlich möglich ist" (ebd.). Das Projekt besteht aus einem ganzheitlichen didaktischen Ansatz, welcher auf den aktuellen handlungs- und arbeitsprozessorientierten Ansätzen und Erkenntnissen der situierten Kognition basiert (vgl. ebd., S. 18f.). Auf curricularer Ebene wird dies durch fachübergreifende

Lernfelder umgesetzt. Mit der Arbeitsprozessmatrix wird ein softwaregestütztes Analyseinstrument geschaffen, welches die Arbeitsprozesse analysiert und die Gestaltung des arbeitsprozessorientierten Lernens aufbereitet. Die arbeitsbezogene, interaktive und modulare Lernsoftware soll als ein Lehr-Lern-Arrangements gelten, welches Lehrende und Ausbildende als Anregung zur Gestaltung der Unterrichte nutzen können. Die Lernortkooperation wird mit eingebunden, indem Betriebe als Partner auftreten, um den Jugendlichen unter anderem Einblicke in betriebliche Praxis zu ermöglichen. Gleichzeitig sollen Betriebe die Möglichkeit erhalten, eigene Impulse zur Lösung von Qualifizierungsproblemen beizusteuern.

3.2.1 Die Kompetenzwerkst@tt-Lernsoftware

Hinsichtlich der Fragestellung der Arbeit wird sich nun mit der Lernsoftware des Projektes „Die Kompetenzwerkst@tt" auseinandergesetzt, um nachvollziehen zu können, wie die gesetzten Ziele erreicht werden.

Die entwickelte und erprobte Software des Projektes unterbreitet den Jugendlichen differenzierte Lernarrangements und bietet einen Lernanreiz. Diese Software lässt sich weitestgehend flexibel und offen in den Lehr-Lernprozess der Berufsvorbereitung einbinden (vgl. Howe F. / Knutzen S. 2005, S.30). Die Lernsoftware bietet eine interaktive, multimediale Lernumgebung (vgl. ebd., S.116). Die Inhalte der Lernsoftware beziehen sich auf berufliche Arbeitsprozesse, welche später in der Ausbildung stattfinden werden. (vgl. ebd.)

Das Projekt hat mit Einsatz dieser Bildungssoftware die Intention, den typischen Schulcharakter des Lernens zu durchbrechen, die Motivation der Lernenden durch multimediale Präsentationen und Interaktionen zu fördern, die allgemeine große Wissensmenge möglichst einfach, strukturiert und nachvollziehbar zu präsentieren, den Gesamtzusammenhang der einzelnen Arbeitsprozesse zu verdeutlichen und geschaffene Freiräume der Jugendlichen durch eine intensive Betreuung der Lehrenden zu schaffen (vgl. ebd.). Dabei besteht die Herausforderung die Software so zu gestalten, dass das Gesamtkonzept gewahrt bleibt und die Struktur für die Lernenden weiterhin nachvollziehbar und einprägsam bleiben.

Die Software ist einfach aufgebaut und besteht aus verschiedenen Komponenten. Die Übersicht bzw. der Einstieg ist der Start-Bildschirm. Dieser bietet eine schnelle

Übersicht über alle Module der Software. Hier haben die Lernenden die Möglichkeit die gewünschten Arbeitsprozessmodule oder das Einführungsmodul „Die Recycling Branche" auszuwählen (vgl. ebd., S.31). Die Softwaremodule bilden jeweils verschiedene Arbeitsprozessmodule ab, die alle einheitlich aus vier zentralen Elementen bestehen: Einer Arbeitsprozessdarstellung, einem Lexikon, einer Spielesammlung und einer Web-Anbindung (vgl. ebd.). Bei einer Arbeitsprozessdarstellung handelt es sich um einen Moduleinstieg, der mit Hilfe eines Videos den Arbeitsprozess querschnitthaft abbildet. Zur Unterstützung werden parallel zum Video Kurbezeichnungen angezeigt (vgl. ebd., S.31f.). Das jeweilige angebotene Lexikon in einem Modul enthält jeweils nur die Inhalte, die für das berufliche Handlungsfeld bzw. den repräsentativen Arbeitsprozess relevant sind (vgl. ebd., S.32f.). Das dritte Element eines Moduls ist die Spielesammlung. Die enthaltenen Spiele haben das Ziel die Inhalte des jeweiligen beruflichen Handlungsfeldes bzw. des Arbeitsprozesses in spielerischer Form interessant und motivierend aufzubereiten (vgl. ebd., S.33). Dadurch ergibt sich die Möglichkeit das erworbene Wissen spielerisch zu vertiefen, sich zu erinnern, zu überprüfen und zu ergänzen. Neben den drei genannten Elementen gibt es noch die Web-Anbindung. Hierbei handelt sich um die Möglichkeit das System zusätzlich mit einem Internetanschluss auszustatten, um den Lernenden eine Liste mit verschiedenen Internet-Links zu beruflichen Handlungsfeldern zur Verfügung zu stellen, die in erster Linie der thematischen Weiterführung und Vertiefung dienen. (vgl. ebd.)

3.2.2 Evaluation

Nachdem das Projekt durch das vorherige Unterkapitel „Die Kompetenzwerkst@tt" vorgestellt wurde, wird nun die Evaluation der Forschenden Howe F. und Knutzen S. vorgestellt, um die Ergebnisse darzustellen. Darüber hinaus beschäftigt sich dieser Abschnitt der Arbeit mit dem bestehenden Forschungs- und Handlungsbedarf. In der ausführlichen Evaluation des beschriebenen Projektes durch die Autoren, wurde der Handlungsbedarf spezifisch auf die Weiterentwicklung der Lernsoftware bezogen. Es werden Argumente der Autoren aufgegriffen und versucht diese auf die Metaebene zu transportieren. Die folgende Gliederung der Argumentation gliedert sich nach der

Struktur des vorgestellten Projektes. Hierbei begrenzen sich die Ergebnisse ausschließlich auf die Fragestellung der Arbeit.

An dieser Stelle bleibt zu erwähnen, dass es sich bei der Software nicht um eine Stand-Alone-Lösung handelt, stattdessen muss die Lernsoftware in den Unterricht und in konkrete Aufgabenstellungen eingebettet werden (vgl. ebd., S.180ff.). Hierbei wird vorausgesetzt, dass Lehrkräfte an Berufsschulen oder anderen Bildungsinstitutionen im Umgang mit E-Learning geschult sind. Dies ist bei den älteren Lehrkräften zu bezweifeln. Aus diesem Grund ist es dringend notwendig, einhergehend mit der Einführung einer Lernsoftware, das Ausbildungs- und Lehrpersonal einer Bildungsinstitution oder Organisation fortzubilden.

Weiterführend stellen die Autoren heraus, dass sich bei der Software um ein integratives Element in einem komplexen Lehr-Lern-Arrangement handelt, da authentische Aufgabenstellungen bzw. Problemstellungen geboten werden (vgl. ebd.). Dies untermalt die Bedeutung der Einbettung der Software in den Unterricht in verschiedensten Formen. Hierbei haben die Lehrenden Gestaltungsfreiheit, da weder Methodik noch Didaktik in den Lernfeldern vorgeschrieben sind. Es bietet sich jedoch an, die Einführung und Nutzung einer Lernsoftware stets zu Beginn eines Schuljahres durchzuführen, damit die Schülerschaft einen Überblick über das berufliche Handlungssystem und eine Einführung in die Arbeitsprozesse erhalten. Seitens der Lehrkräfte ist dieser Schritt planerisch sinnvoll, da sie so in der Lage sind langfristiger und nachhaltiger ihre Unterrichte zu planen.

Das Vorschalten der Software und deren Inhalte für einen bestimmten Arbeitsprozess hat das Ziel, dass eine enge Bindung zwischen Theorie und Praxis erzeugt wird (vgl. ebd.). Hierbei sind jedoch die individuellen Wissensstände der Schülerschaft zu beachten, da bereits bei bekannten Arbeitsprozessen der Nutzen der Software keine Wertschätzung erfährt. In diesem Moment müssen die Lehrkräfte konstruktiv eingreifen und die Lernenden motivieren.

Die Autoren formulieren die Gefahr „eines unreflektierten Taylorismus" (ebd., S.184) heraus. Das bedeutet, dass die Lernenden die Aufgaben nur abarbeiten ohne einen Praxisbezug herzustellen. Diese Gefahr entsteht, wie bereits erwähnt, wenn die Software den Unterricht ersetzten soll und somit keine Einbettung in ein Lehr-Lern-

Arrangement stattfindet (vgl. ebd.). Des Weiteren wird durch die Art der Anwendung die Wirkung der Software deutlich eingeschränkt und abgewertet. Hier steht die Fortbildung des Lehrpersonals im Mittelpunkt, um dem entgegenzuwirken.

Howe F. und Knutzen S. stellen fest, dass es sinnvoll ist vor der ersten Inbetriebnahme der Software durch die Lernenden eine Einweisung in ihre Struktur und die Hauptelemente zugeben (vgl. ebd., S.180ff.). Eine allgemeine Einweisung in die Bedienung der Software ist hilfreich, da hierbei die Lehrkräfte eine Lerngruppenanalyse durchführen können, in der die Medienkompetenz, sowie die kognitive und die motivationale Voraussetzung abgeprüft werden. Diese Ergebnisse dienen dem Lehrpersonal als Anhaltspunkt zur weiteren Gestaltung des Unterrichts. Insbesondere bei Lernenden mit Migrationshintergrund beweist sich die Software als hilfreich, da mit Hilfe des Lexikons Begriffe nachgeschlagen und Texte nochmal angehört werden können (vgl. ebd.). Das trifft ebenfalls für die Schüler zu, die Sprachschwierigkeiten vorzuweisen haben. Darüber hinaus wird aufgezeigt, dass die Jugendlichen über die notwendigen kognitiven und medialen Kompetenzen verfügen, da sie unteranderem höchst professionelle Reglementierungen umgangen haben, um die Webfunktion zum Chatten oder Surfen zu missbrauchen (vgl. ebd.).

In Anbetracht der bereits angebrachten Zweifel über Zweckmäßigkeit von E-Learning-Software für benachteiligte Jugendliche wurde jedoch festgestellt, dass alle Lernenden nahezu kontinuierlich ruhig und diszipliniert an den Bildschirmen gearbeitet haben. Dies ergab sich aus der Beobachtung, dass es den Jugendlichen Spaß gemacht hat mit der Software zu arbeiten. Sie empfanden es als eine Abwechslung zum klassischen Unterricht. Besonders auffällig war das konzentrierte Arbeiten, wenn die Lernenden mit Kopfhörern die Aufgaben an den Computern lösten. Die Autoren beschreiben die Situation als, wären die Schüler „in der Software versunken" (vgl. ebd.).

Die Jugendlichen werden auf die berufliche Handlungskompetenzen und soziale Kompetenzen in Form von Computer Based Training (CBT) oder Web Based Training (WBT) vermittelt. Die Einbindung der Software in den klassischen Unterricht sorgt dafür, dass der Lehrende die Rolle des Coaches einnimmt, der die Jugendlichen ermuntern, beraten oder unterstützen soll. Es handelt sich hierbei um die E-Learning Form Blended Learning. Aufgrund dessen wird das Feindbild „Lehrer" im Kopf der Jugendlichen reduziert. Zusätzlich ist es den Lernenden möglich in ihrer eigenen

Geschwindigkeit und nach ihrem eigenen Interesse zu lernen. Der klassische Unterricht gibt quasi nur den Rahmen vor, der einzuhalten ist.

4. Würdigung

In diesem Kapitel der Arbeit findet eine Würdigung der „Kompetenzwerkst@tt" von Howe F. und Knutzen S. statt. Des Weiteren werden auf dieser Grundlage die Gefahren und Potenziale von E-Learning herausgestellt.

Bei der „Kompetenzwerkst@tt" handelt es sich um ein Projekt, welches mit einer Lernsoftware, die dem Computer Based Training- oder Web Based Training-Prinzip folgt, benachteiligten Jugendlichen eine Chance bietet Anschluss in der Berufswelt zu finden. Dies soll durch die Implementierung der Lernsoftware in den klassischen Unterricht stattfinden. Die Evaluation des Projektes im Unterkapitel 3.2.2 zeigt eindeutig, dass das Projekt eine erfolgsversprechende Richtung eingenommen hat und als Maßstab für die zukünftige Software-Entwicklungen dienen kann.

Aus dem Projekt „Die Kompetenzwerkst@tt" lassen sich eindeutig die Vor- und Nachteile von E-Learning weitestgehend ableiten.

Der ökonomische Vorteil, also die Kostenersparnis, wird in den Ausführungen von Howe F. und Knutzen S. nicht hervorgehoben. Jedoch ist dieser Vorteil nicht von der Hand zu weisen. Die Teilnehmerzahl ist aufgrund der Klassenstärke vorgegeben, somit lassen sich dementsprechende Programmlizenzen kalkulieren. Durch die Implementierung von Lernsoftware in den klassischen Unterricht können Kopplungen zwischen Theorie und Praxis geschaffen werden. Das bedeutet, dass die Videos die Arbeitsprozesse ganzheitlich abbilden, sodass sich die Lernenden später in der Ausbildungsstätte oder Ausbildungswerkstatt an den Arbeitsprozess erinnern können und somit die Ausbildungszeit intensiver nutzen. Aufgrund der stets aktuellen Thematik und dem ständigen Informationsfluss durch das Internet ist eine standardisierte Qualität in der Ausbildung gewährleistet. Nichts desto trotz ist der messbare Erfolg abhängig von den Schülern. Um dies zu sicher zu stellen benötigen die Programme interaktive Module wie Videos oder animierte Inhalte. Die Bereitstellung von Tests, Wissensüberprüfungen in Form von Spielen und am Ende einer Gesamtübersicht können den langfristigen Lernerfolg, sowie die Motivation deutlich erhöhen. Hinsichtlich der Adressaten, wie in diesem Falle von benachteiligten

Jugendlichen, lässt sich festhalten, dass die Option der Mehrsprachigkeit eine entscheidende Rolle einnehmen kann. Dies ermöglicht Schülern mit Migrationshintergrund die Inhalte der Arbeitsprozesse besser zu verstehen. Eine weitere Gefahr bzw. möglicher Nachteil des E-Learnings ist die geringe didaktische Absicherung. Damit ist gemeint, dass die Einbettung von E-Learning-Formen in das didaktische Konzept des Unterrichtes notwendig ist, da E-Learning nicht als „Stand-Alone" anzusehen ist. Des Weiteren muss die Präsentation der Inhalte nicht nur von der technischen Seite dargestellt werden, sondern aus didaktisch-methodischer Sicht. Das bedeutet, dass die Darstellungsform den Lernbedürfnissen und Lernvoraussetzungen der Lernenden entsprechen muss. Das beste Beispiel sind die Videos des dargestellten Projektes im vorherigen Kapitel, welche sich nur auf die wichtigsten und nötigsten Details beschränkt haben. Die allgemeine Annahme, dass ein hoher technischer Sachverstand bzw. eine Medienkompetenz vorhanden sein muss, ist auf diese Zielgruppe zu relativieren. Trotzdem ist der Punkt in der allgemeinen Betrachtung von E-Learning nicht zu vernachlässigen, da dieser stets abhängig von der betrachteten Zielgruppe ist. Aufgrund dessen, dass sich die Lernenden mit dem E-Learning in Form von Blended Learning mit der Software konfrontiert sehen und ein Lehrender stets im Raum ist, wird die Gefahr der nachlassenden Selbstdisziplin verringert. Voraussetzung dafür ist, dass die Lehrkräfte die Software in ihren Unterricht methodisch und didaktisch richtig implementieren, sowie die Rolle des Coaches einnehmen und ständig für Rückfragen seitens der Schüler zur Verfügung stehen. Dadurch können Missdeutungen aufgedeckt und verhindert werden. Die Lehrkräfte garantieren mit Hilfe der Software so den Lernerfolg. Darüber hinaus wird durch die gemischte Form im Unterricht eine ermüdende Bildschirmarbeit verhindert. Der wechselnde Fokus zwischen der Software und dem klassischen Unterricht sorgt dafür, dass keine zusätzliche gesundheitliche Belastung bei den Jugendlichen stattfindet.

Zusammenfassend lässt sich sagen, dass die Vorteile der Lernsoftware von der „Kompetenzwerkst@tt" deutlich überwiegen und die einhergehenden Gefahren bzw. Nachteile von E-Learning weitestgehend reduziert bzw. verhindert werden. Howe F. und Knutzen S. haben gezeigt, dass die E-Learning keine Präsenzveranstaltung ersetzen kann. Die mediale Unterstützung im Unterricht trägt dazu bei dem Lehrstoff spannender und effektiver zu vermitteln.

5. Fazit

Lebenslanges Lernen und berufliche Weiterbildung erhalten gerade in der heutigen Zeit eine zunehmende Bedeutung. Die gesellschaftlichen und wirtschaftlichen Rahmenbedingungen in Deutschland wandeln sich stetig. Die steigende Verbreitung von Informations- und Kommunikationstechnologien bzw. die Digitalisierung, die Globalisierung, die demographische Entwicklung, Tertiarisierung, die Entwicklung zur Wissensgesellschaft wie auch die Veränderung der Betriebs- und Arbeitsorganisation sind gesellschaftliche Phänomene, die sich auf die gesamte Arbeitswelt und damit auch auf die berufliche Bildung auswirken. Die vorliegende Arbeit thematisiert die Fragestellung, *wie geeignet ist die Verwendung von E-Learning für benachteiligte Jugendliche in der beruflichen Bildung?* In dieser Arbeit wurde nachgewiesen, dass das E-Learning weiterhin ein Hoffnungsträger zur Steigerung der beruflichen Handlungskompetenz sein kann, wenn E-Learning nicht autark, sondern in Verbindung mit dem klassischen Unterricht gesehen wird. Um dies zu zeigen, wurde das Forschungsprojekt „Die Kompetenzwerkst@tt" von Howe F. und Knutzen S. herangezogen. Sie haben nachgewiesen, dass E-Learning für eine Personengruppe nutzbar sein kann, die aufgrund sozialer Stellung, Kapitalmangel und Herkunft benachteiligt ist. Durch die aufwendige und bedachte konzeptionelle Erstellung und Einbettung dieser Software in ein Lehr-Lern-Arrangement wurde gezeigt, dass die Förderung von beruflichen Handlungskompetenzen bei benachteiligten Jugendlichen durch E-Learning möglich ist. Die dargestellten Ergebnisse rechtfertigen die Aussage, dass es möglich ist benachteiligte Jugendliche zu fördern. Eine essentielle Voraussetzung dafür ist die Professionalisierung des Lehrpersonales, da sie für die methodisch-didaktische Einbettung im Unterricht verantwortlich sind. Des Weiteren kann die Lernsoftware in Verbindung mit den fachlich kompetenten Lehrenden die Qualität in der Berufsbildung garantieren. Dies wird ermöglicht, indem in den Übergangsmaßnahmen, wie in diesem Beispiel, konzeptionelle berufliche Handlungskompetenzen vor Ausbildungsbeginn vermittelt werden mit Hilfe einer Lernsoftware. Zusammenfassend lässt sich sagen, dass „Die Kompetenzwerkst@tt" ein erfolgsversprechendes Konzept darstellt. Bezogen auf die Fragestellung der Arbeit ist zu sagen, dass das Projekt „Die Kompetenzwerkst@tt" als sehr gutes Beispiel herangeführt werden kann, da es trotz hohem Aufwand den

Jugendlichen eine Möglichkeit bietet erlebnis- und erfolgsorientiert an einer Lernsoftware selbstständig zu arbeiten. Wünschenswert wäre eine Langzeitstudie, um zu prüfen, inwieweit es sich hier um einen Einführungseffekt oder einen Softwareeffekt handelt.

Literaturverzeichnis

Bolder, A. (2009): Arbeit. Qualifikation und Kompetenzen. In: Tippelt, R. & Schmidt, B. (Hrsg.), Handbuch Bildungsforschung. Wiesbaden. S. 813-843.
Bundes für anerkannte Ausbildungsberufe. Berlin.

Bundesakademie für öffentliche Verwaltung im Bundesministerium des Innern (2014): Chancen und Grenzen von E-Learning und Blended Learning in der dienstlichen Fortbildung. Letzter Aufruf: 09.04.2019 unter: https://www.bakoev.bund.de/SharedDocs/Downloads/LG_5/elearning_Konzept_BA koeV_NEU.pdf?__blob=publicationFile

Brehmer J., Becker S. (2017): „E-Learning" ...ein neues Qualitätsmerkmal der Lehre? Letzter Aufruf: 09.04.2019 unter: https://www.uni-goettingen.de/de/document/download/...pdf/09_E-Learning.pdf

Dehnbostel, P. (2005): Konstitution reflexiven Handelns im arbeitsbezogenen Lernen Erwachsenenbildung im betrieblichen Kontext. In: Dewe, B., Wies-ner, G., Zeuner, Chr. (Hrsg.): Theoretische Grundlagen und Perspektiven der Er-wachsenenbildung. Literatur- und Forschungsreport Weiterbildung, 28 (2005) 1, S. 208-214.

Domsch, M.E., Regnet, E., Rosenstiel, L. von (Eds.), (2018): Führung von Mitarbeitern: Fallstudien zum Personalmanagement, 4., überarbeitete und erweiterte Auflage. ed. Schäffer-Poeschel Verlag, Stuttgart.

Hensge, K., Lorig, B., Schreiber, D. (2008): Ein Modell zur Gestaltung kom-petenzbasierter Ausbildungsordnungen. In: Berufsbildung in Wissenschaft und Praxis (2008), Heft 4, S. 18–21.

Howe, F., Knutzen, S., (2005): E-learning in der Berufsvorbereitung: arbeitsprozessorientierte softwaregestützte Lehr-Lern-Arrangements für benachteiligte Jugendliche am Beispiel des Elektroschrott- und Kfz-Recycling, 1. Aufl. ed. Cuvillier, Göttingen.

Keller, Katrin (2008): Netzbasiertes Lehren und Lernen in der betrieblichen Weiterbildung. Eine Fallstudie am Beispiel der Telekom. Wiesbaden: Gabler | GWV Fachverlage GmbH.

Kerres Michel (1998): Multimediale und telemediale Lernumgebungen Konzeption und Entwicklung. München: Oldenbourg Verlag.

Kerres, Michael (2013): Mediendidaktik. Konzeption und Ent-wicklung mediengestützter Lernangebote.4. Aufl. München: Oldenbourg Verlag.

Kimpeler, Simone / Georgieff, Peter / Revermann, Christoph (2007): Zielgruppenorientiertes eLearning für Kinder und ältere Menschen. Letzter Aufruf: 09.04.2019 unter: https://www.tab-beim-bundestag.de/de/pdf/publikationen/berichte/TAB-Arbeitsbericht-ab115.pdf

Kultusministerkonferenz (2011): Handreichung für die Erarbeitung von Rah-menlehrplänen der Kultusministerkonferenz für den berufsbezogenen Unter-richt in der Berufsschule und ihre Abstimmung mit Ausbildungsordnungen des

Lorig, B., Schreiber, D. (2007): Ausgestaltung kompetenzbasierter Ausbil-dungsordnungen. In: Berufsbildung in Wissenschaft und Praxis (2007), Heft 6, S. 5–9.

Meier, Rolf (2006): Praxis E-Learning: Grundlagen, Didaktik, Rahmenanalyse, Medienauswahl, Qualifizierungskonzept, Betreuungskonzept, Einführungsstrategie, Erfolgssicherung. Offenbach: Gabal Verlag GmbH.

Niegemann, Helmut / Hessel, Silvia / Hochscheid-Mauel, Dirk / Aslanski, Kristina, Deimann, M. / Kreuzberger, Gunther (2004): Kompendium E-Learning. Berlin Heidelberg: Springer-Verlag.

Rebmann et. al. (2011): Berufs- und Wirtschaftspädagogik. Eine Einführung in Srukturbegriffe. Wiesbaden.

Straka, G. A., Macke, G. (2009): Berufliche Kompetenzen: Handeln können, wollen und dürfen. In: Berufsbildung in Wissenschaft und Praxis (2009), Heft 3, S. 14-17.

Winther, E. & Achtenhagen, F. (2010): Berufsfachliche Kompetenz: Messinstrumente und empirische Befunde zur Mehrdimensionalität beruflicher Handlungskompetenz. Berufsbildung in Wissenschaft und Praxis (2010), Heft 1, S. 18–21.